AF359098

LE SPIRITISME

DÉMASQUÉ ET JUGÉ

LE
SPIRITISME
DÉMASQUÉ ET JUGÉ

PAR

L'abbé FRESQUET

NARBONNE

IMPRIMERIE D'EMMANUEL CAILLARD

—

1876

PRÉFACE

Quand un homme peu scrupuleux n'a plus de bonne monnaie, il en émet de la fausse : on accepte cette seconde, parce qu'on avait reconnu la valeur de la première.

Il y a des hommes que l'orgueil rend stupides, et qui repoussent les nobles et sublimes enseignements du christianisme pour se jeter dans les rêveries ridicules de Pythagore et autres philosophes païens de ce genre.

Quelle petitesse d'esprit que de croire, qu'au moyen du magnétisme, les vivants vont se mettre, à leur gré et selon leur bon plaisir, en communication avec les esprits de l'autre monde.

Quelle témérité, que de chercher à satisfaire une vaine curiosité en des choses dont Dieu seul se réserve la connaissance.

Et du reste, la foi chrétienne, l'Église catholique qui porte dans son sein toutes les forces les plus puissantes, toute la lumière propre à éclairer suffisamment l'homme sur ce qu'il lui importe le plus de savoir et de connaître, a-t-elle cessé d'être à la hauteur de votre intelligence et de ses besoins, pour que vous alliez consulter Béelzebub, le dieu d'Accaron ? Or pour avoir commis ce crime, Ochosias, roi de Juda fut frappé de mort. Puisse Dieu dans sa justice ne pas réserver quelque grave châtiment à tous ceux qui, au mépris de ses lois, au mépris de la raison et de la dignité humaine, se livrent, à l'instar des anciens païens et des idolâtres modernes, à toutes sortes d'actes non moins irréligieux que stupides.

Assurément de ce nombre est le spiritisme qui a, de plus, le caractère, d'une véritable secte impie et anti-chrétienne, en raison de ses doctrines.

En effet, la morale du spiritisme, est la destruction de toutes les mœurs chrétiennes et de la civilisation européenne, qui est le fruit des enseignements de l'Evangile.

Ainsi, selon la doctrine spirite : « Tous les cultes sont indifférents devant Dieu. » (Livre des esprits, n° 654). « Les jouissances n'ont de bornes que celles qui sont tracées par la nature. » (Id. n° 713). « L'indissolubilité du lien conjugal est une loi humaine très-contraire à la loi de nature. » (Id. n° 697).

« Le suicide n'est qu'un *désappointement* ; l'avortement n'est qu'un acte qui doit empêcher l'âme de subir les épreuves dont son corps devait être l'instrument. » (Id. n° 358). « Tout moyen d'acquérir contraire à la loi d'amour ne saurait fonder une propriété légitime. » (Id. n° 884. — S'il était nécessaire, il me suffirait de continuer de pareilles citations, pour démontrer que le spiritisme n'est qu'une école d'impiété, qui renferme, plus qu'on ne le croit, des éléments positifs de violentes perturbations sociales et politiques.

Je puis donc ici, avec raison, m'élever contre les pratiques et les doctrines spirites. — C'est la fausse monnaie, frappée par Eugène Pelletan, Jean Reynaud et autres, et que M. Allan Kardec a mise en circulation comme l'ayant reçue des esprits.

Nous allons voir ce qu'il faut en penser. — Lisez et jugez.

PRÉAMBULE

Notre époque fort étrange à plus d'un titre offre, entre autres singularités, le spectacle d'une confusion d'idées qui ne sied guère au siècle que l'on aime à appeler le siècle des lumières et du progrès. Je n'en veux d'autre preuve que le *spiritisme*. Si les libres penseurs, qui se cachent sous le nom de *spirites*, peuvent mériter quelque attention, ce n'est certes qu'en raison de leurs enseignements, qui, renouvelés des superstitions païennes et des erreurs anti-chrétiennes de tous les âges passés, tendent à ramener l'esprit humain dans les ténèbres où il se trouvait il y a deux mille ans. A mes yeux, les spirites ne sont que des visionnaires qui invoquent de prétendues communications avec les esprits, afin de faire mieux accueillir des masses leur doctrine impie. Mais quand on voit des hommes graves et recommandables prendre au sérieux les procédés en usage dans le spiritisme, les traiter de manœuvres diaboliques, et les attribuer exclusivement à l'action de Satan et de ses anges, on peut, je crois, sans témérité, craindre qu'ils ne tombent dans l'exagération, et ne se laissent entraîner par un zèle inconsidéré au-delà de la vérité.

Que le diable existe, cela est certain : qu'il se mette parfois en communication avec certains hommes qu'on appelle sorciers, je n'en doute pas : qu'il se serve même d'un médium spirite pour indiquer des remèdes à certaines maladies, on peut le reconnaître avec Saint Augustin et autres personnages illustres. Les démons peuvent ôter des causes de souffrances qu'ils ont eux-mêmes posées : « Ils blessent, dit Tertullien ; ils cessent de blesser et on croit qu'ils ont guéri. » Mais que tous nos spirites, dont on fait tant de bruit chez nous, opèrent des guérisons merveilleuses, et dévoilent, inspirés par Satan, les secrets de l'avenir : je le nie formellement. Sans nul doute, il y a eu de véritables sorciers, et il y en a encore, et c'est la vraie raison pour laquelle nos faux sorciers trouvent si facilement des dupes, voilà pourquoi M. Mullois a pu dire à ses lecteurs français : « Un sorcier est un fripon, et celui qui l'écoute est un sot. » Voilà pourquoi nos tireurs de cartes et diseurs de bonne aventure ne sont que des escrocs occupés à tondre un troupeau de niais. Mais d'où vient qu'on puisse, avec quelque vraisemblance, mettre sur le compte du diable des méfaits dont il n'est pas l'auteur ? — De sa mauvaise renommée très-authentiquement établie. — Voyons donc dans ce préambule ce que peut le démon et ce que peuvent les forces cachées dans la nature et mises en œuvre par l'industrie humaine, et comparons leurs prétendues miracles aux miracles divins. Que le démon existe, qu'il tente l'homme, qu'il le surprenne, qu'il l'éblouisse même :

rien de plus certain : il n'y a qu'à lire l'histoire pour s'en convaincre. Les spirites d'ailleurs admettant l'existence des mauvais esprits, il serait superflu de l'établir.

Esprit libre et pur, maître de toutes ses forces, dégagé des entraves de la matière, agissant dans les domaines de l'espace avec la rapidité de la pensée, le démon ne peut ni donner la vie, ni la rendre, ni changer la substance des objets, ni en suspendre les mouvements ; mais il peut se servir des choses créées comme d'instruments, et manifester sa présence par des phénomènes extraordinaires en soulevant des corps, en faisant entendre des bruits, en produisant des images, en troublant l'air, en donnant même des maladies.

Une puissance, ainsi bornée dans sa sphère, ne saurait être mise en parallèle avec la puissance divine, et l'éclat seul des œuvres miraculeuses suffirait à les distinguer des œuvres diaboliques. Dieu a, d'ailleurs, pour ministres de ses miracles, des prophètes, des saints, des hommes consommés en sagesse et en humilité. Satan a, pour ministres de ses prestiges, des hommes d'une vie méprisée, d'un caractère sinistre, superbes et durs pour les sots qu'ils étonnent, vils et rampants devant leur ténébreux seigneur. Comment, en voyant de tels ministres, se tromperait-on sur celui qui les envoie. Mais la main de Dieu et la main de Satan se distinguent surtout dans le but des prodiges. Sauver un peuple, nourrir des foules affamées, guérir des infirmités humaines, consoler de grandes infortunes, établir ou rappeler de grandes vérités, faire accepter de grands mystères, voilà le but des miracles divins. Favoriser l'erreur, l'irréligion, le débauche, voilà le but des pres-

tiges diaboliques. Là, c'est le sourire de la miséricorde
à travers les magnificences de la main qui édifie : ici,
c'est le ricanement de la malice à travers les ruines de
la main qui détruit. D'un côté c'est Dieu qui passe en
faisant le bien ; de l'autre Satan qui apparaît en faisant
le mal. Non, jamais l'homme ne s'y est mépris. Devant
les œuvres de Dieu, ils sent le respect, la confiance,
l'amour ; devant les œuvres du diable, l'étonnement,
la crainte et la frayeur. A Dieu l'honneur, la liberté, la
civilisation des nations chrétiennes : à Satan les tur-
pitudes, l'ignorance et les abominations des peuples
païens. Ce discernement est fait à tout jamais.

Laissons le démon et entrons en discussion avec
l'homme. Quelles sont donc ces forces inconnues dont
on nous vante les prodiges. Je vois qu'on s'efforce de
les discipliner et de les coordonner ; d'en classer les
phénomènes, de les rapporter à un principe et de faire
du tout une science : cette science a déjà un nom, c'est
le magnétisme. Mais voilà que, quand on discute encore
son origine, le magnétisme prend son vol plus haut,
s'érige en oracle, se déclare esprit et non matière et
commence à promulguer la doctrine de la réincarnation
des âmes.

Mais il faut au magnétisme et au spiritisme deux
êtres pour produire quelque prodige ; l'opérateur et le
patient, celui qui évoque et celui qui répond. Compa-
rons-les un moment au thaumaturge et vous discerne-
rez ces prestiges mieux que jamais.

Les hommes de l'art recommandent au magnétiseur
et au spirite de se couvrir de vêtements chauds et
légers, d'éviter les tissus qui ne livreraient pas un pas-

sage facile au fluide, de porter des gants pour conserver à ses mains une température douce et chaude, de manger des viandes fortes et colorées pour tenir l'estomac dans un état satisfaisant, de boire un vin généreux pour donner de la chaleur et du ton aux organes, de faire au moins trois repas par jour. Ainsi se forme l'opérateur. Est-ce là, je vous le demande, Moïse et Jésus-Christ ? Le choix du patient n'est pas moins délicat. Il faut un enfant, un jeune homme, une femme, des tempéraments faibles, des nerfs délicats, une sensibilité ardente et facile à émouvoir, et surtout une absence totale de volonté. Ainsi se forment les sujets lucides. Reconnaissez-vous là ces hommes, ces femmes, ces enfants, ces peuples entiers qui ont reçu le bienfait des miracles ?

Le choix de l'auditoire est bien plus important, car selon les docteurs de cette doctrine, les mauvaises dispositions des assistants pourraient paralyser l'action qui s'engage. Voilà une précaution que les thaumaturges ne connaissent pas. Ils opèrent, en effet, pour convertir ceux qui ne croient pas ; tandis que les spirites ne convertissent que ceux qui croient d'avance. Après les préparatifs, les moyens. Les docteurs nouveaux ont des apprêts sans nombre : ce sont des passes éblouissantes, un sommeil obtenu à grand peine, une opération interrompue, reprise, contrariée. Ils tâtonnent, ils hésitent, ils sont pleins d'inquiétude. Les thaumaturges n'ont ni apprêts, ni hésitations : un salut, une parole, un signe ; et c'est assez : Je le veux, soyez guéri.

Après les moyens, le résultat. Quel est le vôtre, de-

manderai-je aux nouveaux spiritualistes? A quoi aboutissent vos évocations ? A venir déclarer, de la part de
tel ou tel mort, qu'ils sont heureux ; chose que vous ne
vérifierez jamais : ou bien qu'ils ne sauraient répondre,
parce qu'ils se réincarnent ; chose qu'on peut dire sans
aucun apprêt. Quelle déception !

Quel est votre résultat, demanderai-je au magnétiseur? Cela dépend : Si tout va mal, l'auditoire s'ennuie,
n'apprend rien et regrette son argent. Si tout va bien,
on réussira à faire bailler un homme, tressaillir un enfant, soupirer et parler une femme. Je veux que l'on
vous révèle quelque secret prétendu, comme votre pro-
fession, l'objet de vos désirs, le motif de tel voyage que
vous entreprenez, n'allez pas dès l'abord crier au mi-
racle ; mais assurez-vous bien si vous n'avez pas été
introduit par quelque compère. Enfin vous avez entendu une voix plaintive, entrevu une flamme obscure,
pâli d'épouvante devant quelque opérateur qui s'élève
de terre, allez plus loin, et commencez à soupçonner
le démon.

Voilà le dernier mot de cette fameuse science. Oh !
tant qu'il restera à l'homme un peu de bon sens, il
n'aura besoin ni de la physique, ni de la chimie, ni de
la critique historique, pour discerner ces phénomènes
ou ces jongleries des vrais miracles. Prenez cinq pains,
nourrissez-en une armée, et nous interrogerons la mé-
decine sur la diminution si prodigieuse de l'appétit
humain. Ramassez un peu de poussière délayée avec
un peu de salive et venez ouvrir les yeux aux aveugles,
et nous interrogerons la chimie sur ces propriétés inat-
tendues de la poudre du chemin et de la salive de

l'homme. Allez chercher un mort enterré depuis quatre jours et exhalant la puanteur, ressuscitez son corps au lieu d'évoquer son âme : faites parler le défunt au lieu de parler à sa place, et nous convoquerons tous les physiologistes pour nous aider à discerner l'œuvre de l'homme de l'œuvre de Dieu. Mais jusque-là le discernement est fait à tout jamais : il est à la portée de tout le monde, tant il y a de différence entre les agents, l'auditoire, les apprêts, les moyens et les résultats du thaumaturge et du jongleur.

LE SPIRITISME

ET

L'ÉVANGILE

Toutes les voix se réunissent au Ciel et sur la terre, pour nous dire avec un admirable concert : Notre âme est immortelle.

Vous voulez savoir davantage, et vous demandez avec une curiosité bien naturelle : Quelle est cette vie future qui nous attend ? Il y a deux réponses à cette question : l'une est embarrassée, incertaine, contradictoire et ridicule, c'est celle du Spiritisme ; l'autre nette, claire, complète, facile à retenir, c'est celle de la religion. Divisons donc notre traité en deux parties : la vie future selon le Spiritisme, la vie future selon l'Évangile.

2

PREMIÈRE PARTIE

LA VIE FUTURE

SELON LE SPIRITISME

Ici je me trouve en face de deux sortes d'adversaires : les uns se disent les interprètes de la science, les autres les défenseurs de la foi. Les uns donnent pour titre à leurs livres : La vie future selon la science, les autres affirment dans leurs journaux et leurs revues qu'ils viennent rendre au monde la foi à la vie future. Leur science, hélas ! est bien courte, leur foi est plus courte encore. Ce n'est pas de la science, mais de l'ignorance, ce n'est pas de la foi, mais de la superstition. Prouvons-le en deux chapitres ; 1° Science spirite ; 2° Foi spirite.

CHAPITRE PREMIER

La Science du Spiritisme.

La raison humaine, abandonnée à ses propres forces, a beau avoir les motifs les plus graves, les plus décisifs, les plus pressants, pour croire et professer le dogme de l'immortalité de l'âme : une fois qu'elle se sépare de la révélation, ou elle doute, ou elle invente, et nous n'avons plus de la vie future ou qu'une notion vague, confuse incertaine, ou qu'une affirmation aussi pleine d'audace que de mensonge.

Vous le savez : le doute en matière de religion aboutit toujours à la négation. Il suffit, pour s'en convaincre de jeter les yeux sur l'histoire des peuples païens, de Rome et d'Athènes.

Mais l'orgueil humain a une autre forme. Quand il est las de douter, il invente et il donne à ses inventions la même étiquette qu'à son scepticisme : la science, toujours la science ! Cette seconde forme de l'orgueil, parée toujours du même titre, n'a pas beaucoup changé de doctrine depuis six mille ans : les modernes l'ont empruntée aux anciens ; mais il la reproduisent avec un peu moins de charmes, d'agréments et surtout de vraisemblance. Cette doctrine, c'est la métempsycose.

La doctrine de la métempsycose est singulièrement chère à la curiosité de l'esprit humain. D'après ce dogme, l'âme en sortant de notre corps passe dans un autre corps et recommence une nouvelle vie. Si dans la première épreuve elle a bien usé de sa liberté, elle obtient en partage, pour la seconde, un corps mieux organisé ; si elle a abusé des dons de la Providence, elle descend de quelques échelons dans la hiérarchie, et la seconde épreuve est moins glorieuse que la première.

Les anciens avaient composé une fable charmante pour expliquer la métempsycose. Comme personne ne se souvient d'avoir vécu il y a deux ou trois mille ans, il fallait bien rendre compte de ce défaut de mémoire. Ils avaient donc imaginé un vaste fleuve où l'on buvait l'oubli de la vie passée jusqu'à ce qu'il n'en restât plus la moindre trace, et quand la dernière réminiscence était effacée, l'âme, purifiée et renouvelée par ces eaux salutaires, recommençait sa carrière ici-bas. Platon nous introduit dans une vaste plaine où les âmes des morts sont appelées à choisir leur condition nouvelle. Le choix reste libre, mais chacun apporte ici ses goûts et ses passions. Ainsi Agamemnon est changé en aigle, Ajax devient un lion, et Thersite, qui a amusé les Grecs par ses bouffonneries, est exilé dans le corps d'un singe. Pythagore s'était sans doute laissé un peu distraire sur les bords de ce fleuve mystérieux, car il n'avait pas tout à fait oublié la vie passée ; il se refusait par délicatesse de conscience, de toucher aux fèves ou à certains autres légumes, craignant d'y trouver quelque âme de ses amis, et un jour qu'il vit un bouclier dans un temple, il déclara qu'il le reconnaissait pour être celui qu'il avait porté au siége de Troie.

Ne rions pas trop des anciens, car les modernes, avec toute leur science, sont un peu plus insensés, une fois qu'il veulent entrer dans le domaine de la vie future. Ils renoncent, il est vrai, à envoyer, au sortir de ce monde, notre âme dans le corps des bêtes ou à l'enfermer dans la grossière enveloppe de quelque fève. Leur système est mieux ordonné, et la gradation est irréprochable, mais leur folie n'en est que plus grande sous des apparences plus scientifiques. A leurs yeux, tous les êtres de la nature forment comme un grand cercle, dont la fin touche au commencement, et qui les relie en une seule famille : la famille universelle des mondes. Ce cercle immense commence et finit par le soleil. L'âme, née du soleil, descend d'abord sous une forme assez grossière dans l'air et dans l'eau ; là elle anime la plante ; elle se développe ensuite dans l'animal sous l'action de la lumière ; elle passe d'animal en animal, mais toujours d'un moins parfait dans un plus parfait, pour aboutir à l'homme. Après la métempsycose terrestre, commence la métempsycose céleste ; l'être surhumain se spiritualise toujours davantage et finit par rentrer dans le soleil d'où il est sorti.

Voilà la métempsycose moderne. Ce système s'appelle : La vie future selon la science. Or cette science suppose tout et ne prouve rien.

Cette science suppose une vie antérieure, mais ni le corps, ni l'âme, ni la pensée, ni la sensibilité, ni la volonté, ni la mémoire, n'en ont gardé la moindre trace. De bonne foi, où, quand et comment vous souvenez-vous d'avoir existé? Je vous demande une preuve, une ombre de preuve, un soupçon; vous n'avez rien, moins que rien à m'offrir, et vous appelez cela de la science; science soit, mais une science qui ne sait rien.

Votre science prétend que cette existence antérieure est nécessaire pour expliquer les inégalités de la vie présente, et que nous sommes, dès ce monde, punis ou récompensés pour les fautes ou les vertus de notre vie passée. Mais, de grâce, soyez donc conséquents avec vous-mêmes. Vous nous contestez chaque jour les peines de la vie future pour servir de châtiment aux fautes que nous commettons chaque jour et dont nous sommes très-responsables, et voilà que vous m'imputez une vie passée dont je n'ai ni connaissance ni souvenir pour nous expliquer la vie présente. Vous doublez le mystère et vous dites : c'est de la lumière; vous accusez Dieu d'être trop sévère, et vous lui prêtez la rigueur d'un tyran.

Votre science affirme que l'épreuve de la vie recommencera pour nous dans un autre monde. Qu'est-ce que l'histoire en sait? Rien, moins que rien. Les mathématiques? Encore moins La physique? Toujours de moins en moins. La philosophie? Elle vous déclare, que la vie présente est le temps de l'épreuve et que la vie future est le temps de la justice. Avec votre métempsycose vous renversez tout. Du temps de l'épreuve vous faites le temps de la justice pour une vie passée dont nous n'avons point le moindre souvenir ; et du temps de la justice vous faites le temps de l'épreuve pour une seconde vie future dont nous n'avons pas la moindre notion.

Ici les habiles pourraient m'arrêter et me dire : « Vous oubliez l'astronomie. C'est là qu'est toute la vérité et toute la grandeur du système, c'est par là que la science laisse bien loin derrière elle toute la philosophie des anciens et des modernes. Notre science s'appuie sur les découvertes récentes de l'astronomie pour placer dans les astres cet autre monde où nous allons recommencer indéfiniment les épreuves du bien et du mal. »

J'arrête à mon tour les habiles et je leur demande en quoi ces récentes découvertes peuvent autoriser la doctrine de la réincarnation des âmes. Parlons d'abord de la lune, la lune est notre voisine, et le chemin qui mène jusqu'à elle est assez court. Il est communément reçu qu'on y a découvert des montagnes. Ce ne sont que pics abrupts, crevasses profondes, rocs décharnés. La géologie de la lune est déjà fort connue. Elle a des déserts de sable, des plaines couvertes d'alluvions, des cratères mal éteints et aussi grands que l'Etna. Mais pour tourmenter notre curiosité sans la satisfaire, point d'atmosphère, point de liquides, point de gaz, et par conséquent point d'habitants, ou du moins s'il y en a eu, ils sont morts, enterrés et réduits à l'état fossile. Allons, mon âme, résigne-toi à ne pas aller recommencer ta vie dans la lune, car tu n'y trouverais point de corps, la science est obligée d'en convenir, elle avoue que dans l'état actuel de la lune, l'homme réincarné n'y pourrait pas vivre.

A défaut de la lune, voici Mars, Vénus, Jupiter. Mais

ou en sait sur eux beaucoup moins long que sur la lune, dont on sait si peu de chose. Mars ressemble à la terre pour la figure, Vénus étincelle de clartés, Jupiter est quinze cents fois plus grand que notre planète ; les mois, si quelqu'un les compte y sont des années, les fleurs, s'il y a des fleurs, y vivent des siècles ; les habitants, s'il y a des habitants, ne se doutent pas même que nous existons. Saturne, Uranus, Neptune, plus éloignés encore, ne sont pour nous que des points lumineux. Au delà vous n'avez plus de noms, pas même des lueurs, mais des espaces, des profondeurs, des mystères, des énigmes toujours plus profondes, plus incompréhensibles et plus incommensurables. Un seul de ces mondes est-il habité ? L'astronomie l'ignore. Est-il seulement habitable ? Elle n'ose pas l'affirmer. Et cependant votre métempsycose, se substituant à l'astronomie, déclare que ces mondes sont habitables, ce n'est pas assez, qu'ils sont habités, c'est encore trop peu, que c'est nous qui les habiterons un jour en nous réincarnant après notre mort. Des preuves, point ! Des vraisemblances, pas davantage ! Des conjectures échafaudées sur des conjectures, des hypothèses sur des hypothèses, et au bout le *Credo* à signer : *la vie future selon la science !*

Eh bien ! j'accorde tout à votre science : l'existence antérieure de l'âme, malgré la raison et la justice : la vie qui recommence pour elle, quand même cette vie ne lui est ni due ni promise ; toutes les planètes pour la recommencer, quand même ces planètes ne seraient ni habitées ni habitables ; toutes les réincarnations possibles dans la lune, dans Mars et dans Vénus, dans

Jupiter et dans Saturne, des millions et des millions d'années occupées à ce voyage, et le voyage encore à refaire. Mais enfin il faut finir. Cette ascension d'étoile en étoile, dont se compose notre vie future, doit-elle se prolonger à l'infini? Alors la vie n'a plus de but. Ou bien, après plusieurs migrations et plusieurs épreuves, notre destinée sera-t-elle fixée? Alors pourquoi cent épreuves au lieu de dix, et pourquoi deux au lieu d'une seule? Vous voilà ramenés fatalement au dogme chrétien, ou condamnés à refuser à votre vie tout but et à Dieu toute sagesse et toute raison.

C'est là le défaut capital de votre métempsycose. Outre qu'elle n'a pour elle ni preuves ni autorités, elle enlève à l'ordre moral toute sanction, elle livre l'homme à la dépravation de son âme, et elle fait de Dieu le jouet de sa créature.

Pourquoi l'homme qui a refusé de pratiquer dans le premier cycle de sa vie la piété, la justice et l'honneur, serait-il plus religieux, plus équitable et plus digne dans le second? Si Dieu lui doit une seconde épreuve, de quel droit pourrait-il lui refuser la troisième? Après la centième comme après la troisième, l'esprit de l'homme peut être toujours aveugle, son cœur toujours ingrat, sa volonté toujours pervertie, et Dieu serait condamné à lui rendre, de monde en monde et d'étoile en étoile, le moyen de l'offenser toujours! A chaque heure marquée pour sa transformation, le pécheur lèverait la tête avec orgueil et dirait à Dieu : Je ne t'ai pas encore servi; mais qu'importe, mon heure n'est pas venue; donne-moi une autre vie dans une autre étoile. Et là, le front encore plus haut, la langue plus libre, il s'écrierait encore : « *Non serviam !* Je ne te servirai jamais ! » Il monte, il monte toujours, il passe ainsi de Jupiter à Vénus, de Vénus à Saturne, il achève ce voyage immense de circumnavigation dans les temps et les mondes, et quand les soleils viennent à lui manquer, du fond de la dernière planète où il s'est obstiné à crier à Dieu : *Non serviam !* il crierait encore : « Ce n'est pas assez, fais-nous d'autres soleils et d'autres mondes, car si tu es las de m'attendre, je ne suis pas las de me réincarner, de te blasphémer et de te maudire. »

Voilà pour le méchant la conclusion donnée à tout l'ordre moral dans le système de la réincarnation des âmes. Quelle absurdité ! Mais autant cette conclusion flatte le méchant et lui assure l'impunité, autant elle désespérerait le juste par la perspective d'une nouvelle épreuve et d'une nouvelle lutte. Ainsi tous les termes sont renversés. Jusqu'ici les hommes se plaignaient des fatigues de la vie, et la philosophie répondait : « Il faut bien mériter le repos par le travail. » Mais voici une doctrine qui ne nous promet que le travail, encore le travail, toujours le travail. Je lis dans la *Revue des Deux-Mondes* ces mots signés par une femme trop célèbre, le 1ᵉʳ mars 1871, entre la guerre étrangère et la guerre civile : « La mort, qui interrompt notre tâche ici-bas, n'est pas une dispense de recommencer ailleurs. » Quoi ! nous n'aurions donc vécu que pour recommencer à vivre ? Quoi ! ces soldats qui venaient de donner leur sang à Reichshoffen, à Forbach, à Héricourt, n'avaient pas acheté le repos ? Quoi ! ces martyrs dont la Commune signait l'arrestation ne devaient pas avoir assez vécu en vivant dans les cachots et en mourant sous la balle? Ah! vous n'avez donc connu de la vie que les plaisirs et les jouissances, si vous trouvez que ce n'est pas assez d'avoir vécu une fois! Étourdissez-vous dans le mal, livrez-vous à vos passions, tâchez de vous persuader que Dieu vous doit, à vous, méchants, à vous, corrupteurs des peuples, à vous, empoisonneurs publics, une seconde épreuve et une seconde vie; mais ne raillez pas nos espérances, ne venez pas nous enlever nos consolations. Oui, c'est assez d'avoir vécu une fois : je le déclare au nom du pauvre qui n'a pas eu sa part dans la vie présente, au nom de l'ouvrier qui mange son pain à la sueur de son front, au nom de la mère qui a élevé ses enfants dans la crainte de Dieu comme au nom de la mère qui les a pleurés et ensevelis dans le tombeau : je le déclare au nom des victimes de toutes les oppressions et des martyrs de tous les dévouements : c'est assez d'une épreuve, assez d'une lutte, assez d'une vie. Arrière, arrière cette science qui veut m'en imposer une autre! Non, la vie future ne sera pas une épreuve, mais un jugement : mon âme le demande, Dieu me l'a promis, l'humanité l'attend. Je le proclame avec le poète :

> Et, certain du retour de l'éternelle aurore,
> Sur les mondes détruits je l'attendrais encore.

CHAPITRE II.

La Foi du Spiritisme.

Dans toutes les époques de décadence morale et religieuse, il n'y a rien de plus commun que de voir la superstition prendre la place de la foi et l'esprit hébété qui ne croit plus au cathéchisme s'éprendre d'erreurs, de pratiques, disons le mot, de jongleries aussi affligeantes pour le sens commun que pour la religion.

Une école s'est formée de nos jours pour expliquer, je devrais dire, exploiter, la notion de la vie future. Cette école se remet à tout croire, comme dans les jours de décadence. Elle croit aux *médium*, aux tables tournantes, aux communications de tous les jours et de toutes les heures avec le monde invisible. Elle croit que les âmes des morts se réincarnent en sortant de ce monde, et qu'elles voyagent de planète en planète, en recommençant indéfiniment l'épreuve de la vie. Elle croit que ces âmes reviennent sans hésiter à l'appel d'un magnétiseur et qu'elles dévoilent sans se tromper les secrets de l'avenir. Elle croit, en un mot, tout ce que l'on veut, pourvu qu'on ne l'oblige pas de croire à l'enfer ni aux peines éternelles. D'abord elle se dit profondément religieuse, et c'est par là qu'elle gagne les âmes simples ; ensuite elle se croit sincèrement arrivée à une doctrine bien supérieure à la doctrine chrétienne, et c'en est assez pour faire des adeptes parmi les gens que l'idée du progrès charme et entraîne ; enfin elle nie le dogme de l'enfer, et il n'y a rien qui plaise davantage à la lâcheté de nos mœurs.

Cette école a des revues et des journaux qui se vantent d'avoir remis en vogue le dogme de la vie future. Ces revues, ces journaux ont des lecteurs qui s'imaginent avoir recouvré la foi perdue. On se croit illuminé par les grandes découvertes de la science moderne, et l'on fait honneur à des charlatans de toute l'instruction que l'on a reçue de son curé, tandis qu'on ne leur doit que les niaiseries qu'on y mêle et par lesquelles on la défigure.

Cette école n'a pas seulement des revues et des journaux, elle a encore des pratiques superstitieuses. Ce n'est pas seulement une école, c'est une secte. L'école croit à la métempsycose, la secte évoque les âmes échappées des corps. C'est la doctrine de la réincarnation des âmes mise en action ; c'est le Spiritisme en pratique. Les titres de ces journaux et de ces revues sont faits pour affriander la curiosité publique. Lisez-les : *L'Éternité dévoilée* et *le Monde occulte*, *le Monde spirituel*, *les Études d'outre-tombe*, etc., etc... N'y a-t-il pas là de quoi charmer la légèreté française, tenir l'attention en éveil, et l'avidité que nous avons pour les nouvelles n'est-elle pas doublée quand il s'agit de nous donner des nouvelles de l'autre monde ?

Les pratiques sont plus curieuses encore que ces

revues et ces journaux. Ce sont d'abord les pratiques du magnétisme. Un homme fort, robuste, bien nourri, bien vêtu, chez qui le fluide s'entretient et se dégage avec abondance et facilité, dans une atmosphère bien chaude, mais dans une chambre peu éclairée, après avoir choisi sa saison, son jour, son heure, son auditoire, endort par des gestes fascinateurs et des passes magnétiques quelque patient, peut-être quelque compère, une femme, un enfant, un sujet nerveux, ou, comme l'on dit, un sujet lucide, c'est-à-dire un instrument sans volonté et sans conscience. Voilà le sujet par lequel il se dit en communication avec le monde invisible et qui nous dira ce qui se passe de l'autre côté de la vie.

Mais les passes magnétiques ne réussissent pas toujours, et les sujets les plus lucides sont parfois rebelles. Au lieu de cet intermédiaire toujours incertain, le spirite a jugé plus prudent et plus sûr de parler lui-même, sous le nom des gens de l'autre monde. Il appelle un esprit dans le pied d'une table ou dans l'aiguille qui tourne sur un quart de cercle entre les vingt-quatre lettres de l'alphabet et les dix chiffres nécessaires au calcul. Il pose la main sur la table, il la presse, il l'entraîne, il l'adjure, il lui demande de frapper, et elle frappe ; il déclare qu'il interprétera ses coups, et donnant un sens à chaque coup, il lui dicte communément ce qu'il a dans l'esprit, car il s'en sert avec un peu plus de peine, mais avec autant de docilité, que d'une plume ou d'un crayon. Un guéridon est plus commode. L'aiguille s'anime sous la pression de la main avec une facilité merveilleuse. elle choisit. elle amène, elle dispose l'un après l'autre les chiffres et les lettres que le spirite appelle dans sa pensée; elle compose ainsi des mots et des dates et elle dicte des réponses, au nom des morts, il est vrai, mais au gré du vivant qui la guide. Vous n'avez ni vu ni entendu de mort, mais ce vivant vous affirme que les morts ont parlé par le pied de cette table ou par la pointe de cette aiguille. Gardez-vous bien d'en douter et surtout d'en rire.

Le vrai médium a quelque chose de plus solennel. N'ayant devant lui ni guéridon, ni quart de cercle, ni patient, il se dresse sur un trépied, il parle, il évoque, on tremble autour de sa personne. Les uns ont affirmé qu'ils avaient entendu quelque soupir, et déjà, ils n'en doutent pas, c'est un soupir de l'autre monde; d'autres ont affirmé qu'ils ont vu apparaître quelque flamme, et déjà, ils n'en doutent plus, c'est quelque lueur du paradis, plusieurs ont affirmé que le médium a paru s'élever en l'air ou qu'il s'est tenu sur un orteil. N'affirmons rien, mais pour peu que l'affirmation persiste, il nous restera cette fois le soupçon très-fondé que Satan est pour quelque chose dans tout ce pouvoir et tous ces prestiges. Voilà le mystère du magnétisme, des tables tournantes des esprits frappeurs et des médium. On le sait maintenant, les magnétiseurs avaient des compères. On a compté plus de têtes vraiment tournées que de tables vraiment tournantes. Pour quelques esprits frappeurs peut-être sortis de l'autre monde, les esprits frappés se sont multipliés dans ce monde-ci avec une incroyable facilité, et tout cet appareil moitié scientifique moitié superstitieux n'a abouti qu'à démontrer deux choses, à savoir que la raison publique baisse en ce monde et que le démon y revient de temps en temps pour achever de troubler et de perdre les âmes.

Oui la raison publique baisse en ce monde, et un des effets du spiritisme le plus incontestable et le plus certain, c'est la folie qui en provient souvent. Dans une seule des maisons de santé de Lyon on comptait en 1863 quarante personnes atteintes d'aliénation mentale pour cause de spiritisme. La ville de Tours fournit aussi son contingent dans le tableau des tristes résultats du spiritisme. Au mois de février 1872, tous les journaux ont rapporté, avec des détails affligeants, un double suicide arrivé dans cette ville, exclusivement dû au spiritisme. Que d'autres exemples ne pourrait-on pas citer! Il y a dix ans, on calculait, aux Etats-Unis, que le spiritisme était pour un sixième dans les cas de folie et de suicide. Dans un rapport sur le spiritisme lu récemment à la Société des études médicales de Lyon, le docteur Burlet résume ainsi ses conclusions :
« L'influence de la prétendue doctrine spirite sur la
« folie est aujourd'hui bien démontrée par la science.
« Les observations qui l'établissent se comptent par
« milliers. Il nous semble hors de doute que le spiri-
« tisme peut prendre place au rang des causes les plus
« fécondes d'aliénation mentale. »

Mais il faut apprécier enfin les révélations que la superstition moderne a faites à notre siècle. Je ne vous parle pas des secrets de la vie présente que la crédulité publique est allé demander aux magnétiseurs. Lire des lettres dans la poche d'un autre, parler des langues que l'on ne connaît pas, donner aux gens des nouvelles de leur famille, dire au juste ce que pense et fait à l'heure même votre père, votre femme ou votre ami, dont vous êtes séparé par une grande distance, c'est tantôt le don de seconde vue, tantôt le hasard, quelquefois le démon, qui fournit une réponse heureuse; mais les réponses équivoques, incertaines, complétement fausses, sont comptées pour rien, et le magnétisme passe toujours pour un oracle.

Le triomphe des spirites est bien plus sûr que celui des magnétiseurs, car le spirite parle surtout de la vie future, et personne n'en reviendra pour le contredire. Les morts sont fort honnêtes gens sur cette matière.

Il évoque deux sortes de personnages, des saints et des impies, et nombre de gens qui ne croient ni aux anges ni aux démons, ou, comme on dit communément, ni à Dieu ni au diable, se persuadent que ces saints, ces impies, obéissant avec une docilité surprenante, viennent à l'appel du premier médium pour raconter et peindre ce qu'il faut craindre ou espérer dans un autre monde. Ainsi donc nos médium spirites peuvent tenir avec les âmes des défunts toutes sortes de conversations. Voici un échantillon de ces entretiens assez curieux pour trouver ici sa place. Il est dû à un guéridon qui indiquait les lettres.

« Comment t'appelles-tu? — Abeotin. — Dans quelle ville es-tu né? — Metz. — Depuis combien d'années es-tu mort? — 85. — Quel âge avais-tu quand tu es mort? — 19 ans. — De quoi es-tu mort? — Je me suis brûlé la cervelle. — Es-tu heureux dans l'autre monde?

— Je suis malheureux. — Est-ce à cause de ton suicide? — Oui. — Il n'est donc pas permis de se donner la mort? — Non. — Où es-tu? — Damné. — En quel lieu? — Je ne veux pas le dire..... »

Voici un autre exemple, du même genre et non moins singulier que j'ai trouvé dans un article sur le spiritisme, publié par la *Revue française*. Ce sont des vers écrits par un médium.

A cette question : « Qui es-tu? » le médium écrivit : « Poésie et liberté! » — Si tu aimes la poésie dicte-nous quelques vers. — Et les cinq vers suivants auraient été dictés :

> « Des vers! des vers! pourquoi tenter ma lyre ?
> Je souffre trop pour pouvoir vous sourire.
> Pourquoi tenter des efforts superflus ?
> — La muse veut, pour son chaste délire,
> Des cœurs heureux : je ne chanterai plus. »

« —Qui donc n'est pas heureux ici ? — Moi. — Pourquoi es-tu malheureux ? — J'ai douté. — De quoi? — De la vertu. — Le doute est-il ton seul crime ? — Les conséquences du doute. — Quelles ont été pour toi les conséquences du doute ? — L'esprit refusa de répondre. »

Dans une ville assez importante trois de mes amis voulurent connaître le sort d'un des nôtres, mort depuis six mois, et ils demandèrent à un médium d'évoquer son esprit, ce qui se fit selon leur désir. Or, voici la réponse qui fut faite après quelques minutes : « Vous souhaitez de connaître mon sort dans l'autre monde, mais il n'y a pas assez longtemps que j'y suis pour pouvoir vous dire comment je m'y trouve. » *Risum teneatis!*

Une autre fois, c'était l'esprit du chansonnier Béranger qu'un des trois désirait interroger. Le médium s'y prêta de bonne grâce ; mais après de vains efforts, il dit qu'il n'y avait pas moyen d'établir, en ce moment

de communication avec le poëte, parce que son âme
était occupée ailleurs !...

Ce serait ici le cas de dire aux spirites, comme autre-
ois le prophète Élie aux prêtres de Baal, qui invoquaient
en vain leurs dieux : Criez plus haut, car votre Dieu
Baal parle peut-être à quelqu'un, ou il est en chemin,
ou dans une hôtellerie ; il dort peut-être, et il a besoin
qu'on le réveille.

Mais, dites-vous, il n'y a pas que les esprits de défunts
avec qui l'on entre en communication. — Fort bien ! —
Quels sont donc ces esprits ? Est-ce Dieu lui-même ?
Vous rougiriez de honte, que de le penser même. Sont-
ce les anges ? Vous n'osez pas le dire, parce que vous
ne le croyez point. — Quels qu'ils soient, ajoutez-vous,
ce sont des esprits. — Pour moi, je n'en crois rien. —
Et si vous m'alléguez, en preuve, des faits certains,
inconstestables, où ni la nature physique, ni la fourbe-
rie ne sauraient jouer aucun rôle, alors je vous déclare
que ces esprits ne sont pas autres que les démons.
Mais le démon est le *menteur* par excellence, il s'amuse
de la crédulité des hommes, il fausse leur intelligence,
et tous ses efforts tendent à les conduire aux superstitions les plus stupides, pour les éloigner de la vraie religion du Christ. Donc, dans ce cas, vous n'êtes pas sûrs
d'avoir la vérité que vous cherchez avec vos esprits.

Cependant, regardons d'un peu plus près, comparons
les réponses et nous reconnaîtrons presque toujours
qu'il n'y a ni magie ni évocation. Le personnage évoqué
varie en effet ses réponses selon la doctrine, la croyance
et les sentiments du spirite qui l'interroge, et nous
n'entendons que le spirite sous le nom de Voltaire, de
Fénelon ou de saint Vincent-de-Paul.

Voltaire a été interrogé à plusieurs reprises sur son sort éternel : qu'a-t-il dit ? trois choses fort contraditoires.

Un spirite très-catholique évoque l'esprit de Voltaire, et Voltaire déclare qu'il est mort bon catholique, et qu'il est sauvé.

Un autre spirite, mais protestant, évoque le même Voltaire et lui demande comment il est mort : Voltaire cette fois affirme qu'il est mort bon luthérien, mais qu'il est encore sauvé.

Voici un troisième spirite, mais Voltairien : à celui-là Voltaire fait l'aveu qu'il est sorti de ce monde parfait Voltairien, mais qu'il est toujours sauvé.

Où est la vérité ?

Devine si tu peux et choisis si tu l'oses.

Où est la vérité ? Mais la voici, elle me semble aussi claire que le jour et tout à fait décisive contre toutes les jongleries et les superstitions. Rapprochez ces trois déclarations, qu'en conclurez-vous ? C'est que Voltaire n'a ni parlé ni apparu, et que les spirites prêtent leurs sentiments leurs espérances, leurs doctrines, aux gens dont ils évoquent le nom.

Saint Vincent-de-Paul, Fénelon, les martyrs, les apôtres, ont eu leur rôle dans toutes ces évolutions superstitieuses.

Saint Vincent-de-Paul est naturellement plein de charité ; mais interrogé sur le Ciel, il ne sait trop qu'en dire, et c'est à peine s'il croit y être pour toujours.

Fénelon est naturellement plein de douceur et de tolérance, mais interrogé sur l'enfer, il s'étonne que l'on s'en fasse encore une si fausse idée dans l'Église en ce temps de raison et de progrès.

Les martyrs et les apôtres parlent aussi en hommes de progrès. Jésus-Christ reconnaît qu'il n'a opéré qu'une rédemption incomplète, le Saint-Esprit fait entendre qu'il n'est pas autre chose que le fluide magnétique ; Dieu le Père enfin annonce qu'il perfectionne l'homme en ce monde et qu'il le rendra heureux dans l'autre pourvu toutefois que le genre humain veuille se laisser sauver par MM. les Spirites.

Et voilà les évocations par lesquelles des savants connus prétendent démontrer et rétablir la croyance à l'immortalité de l'âme !

Voilà les révélations qu'ils viennent nous faire sur la vie future !

Voilà avec quelles pratiques ils entendent garder le caractère et le titre de chrétien.

Voilà ce qu'ils appellent leur foi et ce que je déclare la plus niaise et la plus absurde des superstitions.

Vous avez vu dans cette première partie toute la science et toute la foi des esprits dévoyés par la fausse notion de la vie future : une science qui ne sait rien à force de vouloir tout expliquer, une foi qui croit tout excepté ce qu'elle doit croire.

Le fond de cette science et de ces superstitions est toujours le même. C'est la doctrine de la métempsycose substituée à la doctrine chrétienne, et ce qui vous abuse, c'est l'idée incomplète et erronée que vous vous faites de la miséricorde de Dieu. Vous lui demandez au-delà de cette vie une nouvelle épreuve, et vous ne faites pas attention que vous avez en ce monde toutes les épreuves possibles que l'âme humaine puisse traverser, dût-elle être éprouvée pendant des milliers de siècles et vivre dans des milions de mondes. Quel est, dites-moi. l'horizon que vous trouveriez ailleurs, et la grâce que vous n'ayez pas reçue ? Est-ce l'horizon borné de l'enfance, où il est si doux et si facile de croire ? Mais vous l'avez connu dans toute sa sérénité et tout son azur. Est-ce l'horizon plus étendu de la jeunesse, avec ses orages et ses coups de tonnerre ? Mais vous avez eu la fougue, l'ivresse et les remords des passions. Est-ce l'horizon mieux défini de l'âge mûr, avec une part dans le travail du monde et dans le gouvernement de la société ? Mais vous avez administré vos affaires, vous entrez dans les affaires publiques, vous comptez par votre vote dans la commune, dans la province et dans l'Etat. Est-ce l'horizon de la vieillesse, mêlé des dernières lueurs de la vie présente et des premiers rayons de la vie future ? Attendez un peu, vos genoux commencent à fléchir, vos cheveux blanchissent, vos épaules se courbent, la tombe s'apprête, et déjà tout se décolore autour de vous pour vous avertir de ce dernier changement. Dieu vous a parlé sur les genoux de votre mère; c'était la grâce de la première heure. Dieu vous a visité parmi les troubles de votre âme, quand votre cœur déchiré par les passions, se plaignait d'avoir été trompé; c'était la grâce de la troisième heure. Dieu est revenu auprès de vous quand le sol tremblait sous vos pas et que l'édifice de votre fortune s'écroulait dans l'abîme des révolutions; c'était la grâce de la sixième heure. La neuvième heure va sonner, et Dieu sera encore là avec sa grâce. Il y sera le jour où vous entrerez dans votre lit pour n'en plus sortir; le jour où le médecin vous dira; Tout est fini. Au jour, à l'heure, à la minute où votre âme sortira de votre corps avec votre dernière pensée et votre dernier souffle, il y sera pour vous demander le souffle qui s'échappe, le bénir, le sanctifier et l'emporter au Ciel.

Voilà les épreuves variées et les changements perpétuels qui s'opèrent dans la vie. Voilà la métempsycose chrétienne avec toutes ses sollicitations au bien et à la vertu renouvelées dans tous les âges, offertes tous les jours enchaînées l'une à l'autre dans le merveilleux tissu qui compose notre existence. Nous avons beau rêver, combiner, demander une autre épreuve dans un autre monde. Que ferons-nous, sinon de naître, de grandir, de décliner et de mourir? Nous avons beau demander à Dieu d'autres grâces pour le mieux connaître et le mieux aimer. Que fera-t-il sinon de nous proposer encore, toujours et jusqu'à la fin, cette grâce de tous les âges et de toutes les heures par laquelle il nous sollicite aujourd'hui? Allons! nous avons passé par tous les mondes de la pensée, mille fois plus nombreux que toutes les étoiles dont nous rêvons l'ascension indéfinie. Nous avons obtenu de Dieu, dans le retour soudain de la fortune comme dans le passage des différents âges, autant de traits de prévenance, de miséricorde et d'amour qu'il nous en ferait sous un autre ciel et dans une autre vie. C'est bien vainement qu'il nous donnerait mille ans encore, nous n'y serions pas plus sensibles à la grâce. C'est bien vainement qu'il déploierait pendant mille ans encore toutes les ruses de sa bonté, il ne gagnerait rien de plus sur notre cœur.

C'est donc assez, ô mon âme, et pour Dieu et pour toi!

L'enfance, la jeunesse, la maturité, la vieillesse, la mort renferment toutes les réincarnations désirables et possibles. Heureux le mourant qui se jette dans les bras du Seigneur au sortir du dernier monde ! Deux fois heureux l'homme qui le salue du milieu de son âge mûr ! Trois fois heureux le jeune homme qui s'est élancé vers lui avec toute la vivacité de ses passions généreuses en les mettant sous le frein ! Quatre fois heureux l'enfant qui l'a connu, adoré, servi, glorifié toute sa vie avec le souvenir, la langue et la piété de sa mère !

DEUXIÈME PARTIE

LA VIE FUTURE

SELON L'ÉVANGILE

Je vous ai exposé dans la première partie la fausse notion de la vie future. Cette notion se réduit à deux traits caractérisques : c'est la fausse science ou la superstition.

La fausse science doute ou invente. Elle doute chez les anciens, comme on le voit par des exemples tirés des plus illustres. Elle doute chez les modernes, et l'exemple de l'école spirite de notre siècle sera cité pour faire voir jusqu'où la philosophie peut s'égarer en se séparant de la révélation.

Quand la fausse science est lasse de douter, plutôt que de croire elle invente. Elle a inventé le système de la réincarnation des âmes, que les modernes ont emprunté aux anciens, mais qui, chez les modernes comme chez les anciens, est demeuré à l'état de conjecture, d'hypothèse et de fable brillante. Ce système n'a pour lui ni preuves ni autorités, il ôte à l'ordre moral toute sanction, car il ajourne indéfiniment les espérances du juste, il retarde indéfiniment la punition du méchant, il livre à elle-même l'âme dépravée et fait de Dieu le jouet de sa créature.

La superstition éclate, comme la fausse science, dans les livres et les pratiques de la secte qui prétend rendre au monde, en évoquant les morts, la croyance à la vie future. Livres misérables où, sous prétexte de dévoiler l'éternité, on jette dans l'esprit des peuples des doutes sur nos dogmes les mieux établis. Pratiques plus misérables encore, où l'on prête aux morts les renseignements les plus contradictoires sur l'autre monde, où le charlatanisme a ses compères, la sottise humaine ses dupes, Satan son rôle et ses prestiges, et dont le dernier mot est d'arracher à tout prix de notre cœur les appréhensions de l'enfer éternel.

Telle est la fausse notion de la vie future. Opposons à toutes ces erreurs la notion que notre religion nous donne. Ici tout nous rassure ; la qualité du docteur, la sagesse de la doctrine, la vertu de l'école. Le docteur est le plus grand qui ait jamais paru, c'est Jésus-Christ ; la doctrine est la plus sage qui ait jamais été prêchée, c'est l'Evangile ; l'école est la plus parfaite qui ait été ouverte dans le monde, c'est le christianisme.

Trois chapitres diviseront donc notre deuxième partie : 1° Docteur de la vie future. — 2° Doctrine de la vie future. — 3° Ecole de la vie future.

CHAPITRE PREMIER

Docteur de la vie future.

Quel est le docteur à qui nous devons la vraie notion de la vie future ? C'est l'Homme-Dieu. Au Ciel, on l'appelle le Verbe ; sur la terre on l'appelle le Christ. Le Verbe fait homme est la seconde personne de la sainte Trinité ; il ne fait qu'un seul Dieu avec le Père et le Saint-Esprit ; il est descendu du Ciel en terre pour nous racheter nos droits à la vie future, et il est remonté de la terre au Ciel pour nous rouvrir les portes du paradis.

Il se dit Dieu devant ses disciples, devant les Juifs, devant Pilate et devant Caïphe, revendiquant la substance même de son Père : Mon père et moi nous ne sommes qu'un, et l'Eternité qui ne convient qu'à Dieu, qui est toujours la même et toujours présente, sans passé ni avenir : Avant qu'Abraham existât, je suis.

Il s'est dit Dieu, et il le prouve par la beauté de sa doctrine, car personne n'a jamais parlé comme lui ; par la sainteté de sa vie, car on ne saurait l'accuser du moindre péché ; par l'étendue et la grandeur de ses bienfaits, car il a passé partout en faisant le bien et en soulageant les malheureux ; par le nombre et l'éclat de ses miracles, car à sa parole les boiteux marchent, les sourds entendent, les aveugles voient, les morts ressuscitent, les pauvres sont évangélisés.

Il s'est dit Dieu, et il le prouve en souffrant, en mourant et en ressuscitant, car ses souffrances sont celles d'un Dieu par les vertus qui s'y mêlent, sa mort est celle d'un Dieu par l'autorité qui y préside, sa résurrection est celle d'un Dieu par la prescience qui l'annonce et par la puissance qui l'opère.

Jésus-Christ sait la vie future, parce qu'il est Dieu. Il en parle en tant que Dieu; c'est comme Dieu qu'il la révèle, qu'il la promet et qu'il la donne.

Écoutez-le : Je suis la voie, la vérité, la vie. Il ne dit pas je suis telle voie, j'enseigne telle vérité, je rends la vie à telle ou telle âme. Non, sa déclaration est absolue : il est la voie, et hors de lui on ne peut que se perdre, il est la vérité, et sans lui il n'y a que mensonge ; il est la vie, et loin de lui il n'y a que la mort. On ne peut hors de lui, sans lui et loin de lui, que s'égarer dans les abîmes, devenir victime de l'erreur et aboutir à la mort. Et il ne s'agit plus seulement ici des devoirs de la vie présente, car il ajoute : « Celui qui croit en moi ne mourra jamais : *non morietur in æternum.* » « Celui qui croit en moi, je le ressusciterai au dernier jour : *qui credit in me, resuscitabo eum in novissimo die.* »

Il parle du royaume et de la gloire de son père, il les décrit, on voit qu'il y est né, qu'il les habite encore, et ses expressions sont si naturelles qu'on est forcé d'y voir la vérité même. Ainsi il ne cherche ni comparaisons grandioses, ni mots tendres, ni raisonnements compliqués pour nous peindre cette vie future dont il est le maître, et pour laquelle il donne aux hommes tout son sang. Dieu, c'est son Père. Le ciel, c'est son royaume. L'Éternité, c'est son âge. Ce Dieu, il peut l'appeler à son secours et il lui enverrait des millions d'anges pour le servir. Ce ciel, il l'ouvre, il le prépare, et c'est lui seul qui peut le préparer et l'ouvrir. Cette éternité, il en possède les secrets et il en parle la langue. Pierre le reconnaît, l'avoue et se prosterne à ses pieds : « Seigneur à qui irions-nous ? Nous savons que vous avez les paroles de la vie éternelle. » La mère des enfants de Zébédée le reconnaît et demande qu'il place Jacques et Jean dans son royaume, l'un à sa droite, l'autre à sa gauche. Le bon larron le reconnaît, et il se retourne vers lui du haut de sa croix, le suppliant de se souvenir de sa pénitence quand il sera dans son royaume. Et Jésus félicite Pierre de sa foi ; Jésus déclare aux fils de Zébédée à quel prix son royaume s'achète ; Jésus le promet et le donne à l'heure même au larron repentant : Aujourd'hui, tu seras avec moi en paradis ; il le promet et il le donne avec serment : *Amen dico tibi, hodiè mecum eris in paradiso.*

Voilà le docteur de la vie future. C'est le roi qui parle de son royaume, le fils de son père, le maître de son héritage, le sauveur de ceux qu'il vient sauver. C'est Dieu qui parle de sa propre éternité. Il en parle, en l'accompagnant de miracles et de bienfaits. Il en parle sur la croix, quand il va l'acheter par sa mort à tous les hommes. Il revient après sa mort pour en parler encore. Il se montre onze fois, dans les circonstances les plus différentes, pour faire voir qu'il la possède. Il le prouve après sa résurrection, aux saintes femmes, à Pierre, aux apôtres, aux disciples d'Emmaüs, à Thomas qui refuse d'y croire et qui se rend enfin à l'évidence. Il renouvelle cette preuve près du tombeau, dans le cénacle, sur les bords du lac, aux portes de Jérusalem, le soir, le matin, en plein midi, jusqu'à ce qu'enfin il réunisse cinq cents disciples pour leur ordonner de la prêcher dans toute la Judée, toute la Samarie et jusqu'aux extrémités de la terre. Et c'est devant ces cinq cents témoins assemblés qu'il la prêche lui-même pour la dernière fois, qu'il remonte au Ciel et qu'il en fait descendre des anges pour disperser l'assemblée, annoncer la Pentecôte et marquer le nouvel et dernier avénement du fils de l'homme.

Docteurs de notre siècle, cette vie, cette mort, cette résurrection, vous paraissent-elles mériter quelque confiance? Que pensez-vous du témoignage de Jésus? Vaut-il le témoignage d'un médium, d'une table tournante, d'une somnambule? Ce docteur vaut-il vos astronomes de fantaisie et vos faiseurs de conjectures sur les planètes habitées? Pouvons-nous, sans paraître trop rétrogrades, écouter un tel maître? Et la vie future selon l'Evangile vous paraîtra-t-elle digne d'être crue et écoutée dans un temps où l'on se pique d'écrire la vie future selon la science? Oui, Seigneur, oui, n'en déplaise à notre siècle, c'est vous et vous seul qui avez les paroles de la vie éternelle: *Verba vitæ æternæ habes*.

CHAPITRE II.

Doctrine de la vie future.

Après le docteur, voici la doctrine. Je n'ai rien d'extraordinaire à vous annoncer, mais une doctrine simple, facile, d'une convenance parfaite, d'une raison suprême, accessible à toutes les intelligences même les plus faibles, praticable à tous les hommes même les plus coupables ; une doctrine qui console tout le monde, qui ne désespère personne ; une doctrine enfin que vous avez sue du jour où vous avez su quelque chose, et qu'il vous faudra bien rapprendre et croire encore si vous voulez garder, je ne dis pas seulement la foi, mais un peu de sens commun.

On dit que, dans les assemblées spirites, avant de commencer les évocations, on commence par lire quelques versets de l'Évangile. Que le diable est roué ! et en même temps qu'il est méprisable et bête ! vous allez donc lire avec moi, cher lecteur, un chapitre du Code divin.

La vraie notion de la vie future se trouve dans l'Évangile. D'abord l'Évangile nous affirme qu'il y a une vie future, et au seuil de cette vie, les hommes se partagent en deux catégories : les uns se sauvent, les autres se perdent. Ces deux catégories sont clairement indiquées dans l'Évangile. *Ibunt hi in ignem, justi autem in vitam.*

L'Évangile nous l'atteste, la vie future des bons sera totalement différente de celle des méchants.

Cette vie heureuse est appelée le royaume des Cieux, c'est-à-dire un état de gloire et de puissance, la régénération, c'est-à-dire une nouvelle vie dans cette gloire, une récompense abondante : *Merces copiosa*, et cette récompense sera de voir, d'aimer et de bénir Dieu : *Ego ero merces tua magna nimis.* Voilà l'Évangile et rien que l'Évangile.

Cette vie malheureuse sera le remords *vermis*, le mot est jusqu'à trois fois dans le texte sacré : le feu *ignis*, le mot est sorti jusqu'à onze fois de la bouche de Notre-Seigneur : la séparation d'avec Dieu, c'est Jésus-Christ qui la prononce : *Recedite a me maledicti.* Voilà l'Évangile et rien que l'Évangile.

Enfin, cette vie future, heureuse ou malheureuse, est une vie définitive après laquelle il n'y a rien ni à espérer ni à craindre, c'est la vie éternelle au Ciel comme en enfer : *Ignem æternum, vitam æternam.* Voilà l'Évangile, rien que l'Évangile, mais tout l'Évangile.

Après avoir entendu le livre sacré sur cette première question, demandez-lui par quel moyen vous pouvez obtenir la vie éternelle. La réponse ne se fera pas attendre : il faut croire et pratiquer. Et d'abord il faut croire, car il est écrit : « Celui qui croira sera sauvé, celui qui refusera de croire sera condamné. » Ce n'est pas tout de croire, il faut pratiquer. Un jour un jeune homme demande à Jésus-Christ : « Maître, que dois-je faire pour posséder la vie éternelle ? » Jésus lui répondit: *Serva mandata* : Gardez les commandements. Vous l'entendez, il n'y a pas deux voies pour arriver à la vie éternelle, il n'y en a qu'une. Il faut croire et pratiquer. La foi avec les œuvres. Voilà encore une fois l'Évangile rien que l'Évangile, mais tout l'Évangile ; les Cieux et la terre passeront, mais l'Évangile ne passera jamais. Les points et les virgules y resteront à leur place, il n'en tombera ni un seul point ni un seul iota. Et jusque sur les débris du monde écroulé, le dernier prêtre à qui le dernier chrétien demandera le secret de la vie éternelle, prenant le texte sacré, lui montrera ces deux mots : « Croyez, et vous serez sauvé. Observez les comman- « dements et vous obtiendrez la vie éternelle. »

A qui Notre-Seigneur Jésus-christ a-t-il offert cette vie éternelle ? A tout le monde. Elle est accessible à toutes les intelligences, et la voie qui y conduit est praticable à tous les hommes. L'auteur du livre intitulé: LE LENDEMAIN DE LA MORT, OU LA VIE FUTURE SELON LA SCIENCE, demande que cette vie soit le privilége des savants et des lettrés. Ah! l'Évangile est plus large, plus généreux, plus digne de Dieu, plus consolant pour l'homme. Ces impies qui se disent savants, ruinent, au- tant qu'ils le peuvent, l'espérance de la justice et du bonheur dans l'âme de ceux qui n'ont d'autre bien ici-bas que cette espérance même et à qui elle tient lieu de tout le reste ; mais l'Evangile les relève, les affermit, les console ; L'Évangile leur crie : Courage, confiance, persévérance ; Réjouissez-vous : *Gaudete!* Tressaillez d'allégresse : *Exultate!* Et pourquoi ? Parce que votre récompense sera grande dans les Cieux : *quoniam merces vestra copiosa est in cœlis.* Pauvres de Jésus-Christ votre béatitude est déjà prononcée : *Beati pauperes spiritu, quoniam ipsorum est regnum cœlorum.* Ah ! si vous n'avez rien sur la terre, croyez-en du moins la doctrine qui vous promet le Ciel.

Tant que nous sommes sur la terre, la vie éternelle n'est jamais gagnée même pour les plus justes, la vie éternelle n'est jamais perdue, même pour les plus coupables.

Notre-Seigneur avertit les justes qu'une seule défaillance volontaire, un seul oubli mortel peut leur ôter tous leurs mérites, et que la vie éternelle n'est assurée qu'à la persévérance. Voici encore l'Évangile : « Celui qui persévère jusqu'à la fin sera sauvé. Veillez et priez, tenez-vous prêts, le Fils de l'homme viendra à l'heure où vous y penserez le moins. » Il parlait ainsi à ses apôtres et ses apôtres disaient à leur tour aux premiers fidèles. « Opérez votre salut avec crainte et tremblement. »

Notre-Seigneur Jésus-Christ n'a pas laissé le moindre prétexte au désespoir du pécheur. Il déclare dans l'Évangile qu'il engagera des ouvriers à la onzième heure comme à la première, c'est-à-dire que la vieillesse la plus désespérée peut, comme l'enfance la plus soumise, obtenir miséricorde. Il place dans le Ciel l'ouvrier de la onzième heure à côté de celui qui a porté tout le poids de la chaleur et du jour. La récompense est la même : c'est le denier de la vie éternelle. Ce qu'il annonce, il le fait. Il pardonne à Madeleine, malgré ses désordres, et Madeleine dans sa pénitence lui est aussi chère que Marthe dans sa vertu. Il le fait jusqu'à la fin. De son dernier regard il confesse le bon larron ; de sa dernière parole il l'absout : la vie éternelle est achetée par le dernier soupir du larron pénitent.

Mais, prenez-y garde, après cette vie l'épreuve est finie, et jamais on ne la recommence. Jésus-Christ est venu du Ciel en terre pour nous enseigner que la vie éternelle est le but unique et nécessaire de la vie présente, que tout est gagné si on l'obtient, que tout est perdu si on le manque. Il n'y a pas à en douter, et voici encore l'Évangile, rien que l'Évangile, mais tout l'Évangile.

Quand il achève le discours sur la montagne, cet admirable abrégé de tous nos devoirs envers Dieu, le prochain et nous-mêmes, quel est le mot qui résume et qui termine tout : « Cherchez donc avant tout le royaume de Dieu et sa justice : *Quærite ergo primum « regnum Dei et justiciam ejus.* » C'est la première pensée de la vie et celle qui doit dominer tout le reste : Point d'autre épreuve à attendre : Avant tout, *Primum !* C'est la conséquence nécessaire de toutes les bonnes œuvres, la conclusion logique de toutes les vertus, le résultat pratique de toutes les expériences et de toutes les déceptions : Point d'expérience nouvelle à tenter : Donc, *ergo*. Ce qu'il faut chercher avant tout, c'est la piété, la vertu, l'innocence en ce monde ; la patrie, le Ciel, l'éternité bienheureuse dans l'autre. Voilà le royaume de Dieu. Cette recherche renferme toutes les autres, on ne la fait qu'une fois, on ne perd et on ne gagne qu'une fois ce royaume béni.

Écoutez une seconde parole du Sauveur : « Que sert à l'homme de gagner l'univers, s'il vient à perdre son âme : *Quid prodest homini si mundum universum lucretur, animæ vero suæ detrimentum patiatur ?* » Voilà l'expression sortie de la bouche du divin Maître. Jésus perce, détruit, met à jour toutes les vanités de la terre, il en accable toutes les puissances sous le coup d'un mépris divin, il montre que l'univers tout entier, avec ses richesses, ses joies, ses plaisirs, ne vaut pas une âme, mais qu'on peut la perdre et gagner tout l'univers, tant il est vrai que cette perte est sans compensation et sans retour, et qu'on peut ici-bas se perdre pour jamais.

Voici une troisième parole qui résume et qui confirme les deux autres : « Il n'y a qu'une chose nécessaire ici-bas, c'est de se sauver. » Vous l'entendez, le reste n'est rien : science, honneurs, plaisirs, richesses, éclat et durée de la vie, rien de tout cela ne mérite d'être compté. Mais le seul vrai, le seul réel, le seul nécessaire ici-bas, c'est le salut. Encore un texte qui nous assure qu'après cette vie, il ne faut pas attendre une autre épreuve. Après cette vie tout est fini. Heureux si nous avons compris, poursuivi, obtenu le seul nécessaire : *Porro unum est necessarium.*

Il n'y a donc pour opérer le salut que la durée du jour La nuit va venir, et on ne pourra plus rien faire : *Venit nox quando nemo potest operari* : Sauvez-vous, méritez la vie future, vous n'avez pour cela que le temps de la vie présente : *ergo dum tempus habemus operemur bonum*. La nuit qui va venir, c'est la mort ; le temps qui vous reste, c'est la vie. Au delà point d'es-

pérance, point de délai, point de retard au jugement.
Tout cela c'est l'Evangile, rien que l'Evangile, mais tout
l'Evangile.

Voilà, dans une esquisse rapide mais complète, toute
la doctrine sur la vie future. Doctrine digne de Dieu,
parce qu'il est digne de Dieu de nous montrer le but,
de nous tracer la voie, de régler et de soutenir notre
marche, de nous tenir en haleine jusqu'à la fin, comme
aussi de prévenir jusqu'à la fin nos défaillances et notre désespoir, enfin de nous avertir que notre salut ne
se recommence pas, et qu'il faut à tout prix, au sortir
de la vie présente avoir mérité la vie future. Doctrine
digne de l'homme, puisqu'elle est faite sans exception
pour toutes les intelligences et pour toutes les condi-
tions sociales ; qu'elle frappe tous les esprits avec la
même clarté ; qu'elle remue tous les cœurs avec le
même sentiment et que, par un mélange admirable de
promesses et de menaces, de consolations et de sévéri-
tés, de justice et de miséricorde, elle s'approprie tout à
à la fois à nos grandeurs et à nos misères, faisant pâlir
la sagesse des sages, persuadant les plus simples, tou-
chant les plus durs, pénétrant par des mots si courts
mais si sublimes, si profonds mais si pratiques, dans
toutes les consciences et dans toutes les âmes, depuis
l'enfance la plus tendre jusqu'aux dernières extrémités
de l'âge. Ah ! qu'il nous demeure, qu'il nous éclaire,
qu'il nous avertisse et qu'il nous console, cet Evangile qui nous donne les paroles et les promesses de
la vie future. Lumière levée sur le monde, vous êtes
toute vérité et aussi tout amour ? Vous êtes vraiment la
bonne nouvelle. Non les livres spirites qui attaquent ou

qui retardent nos espérances pour la vie future ne vous
aiment pas. Dieu seul vous aime et c'est pourquoi il
vous a donné une mère et un Evangile pour vous aimer
en son nom. Votre mère vient de Dieu, elle vous aime et
c'est pourquoi elle vous montre le Ciel. L'Evangile aussi
vient de Dieu, il vous aime, c'est le seul livre qui ait
reçu le don d'aimer, c'est le seul livre qui puisse nous
enseigner et nous ouvrir le paradis.

CHAPITRE III.

École de la vie future.

Le maître qui nous donne la notion de la vie future est le plus grand qui ait paru dans le monde. La doctrine qu'il enseigne est la plus raisonnable, la plus consolante, la plus digne de Dieu et de l'homme qui ait jamais été entendue. L'école qui la conserve est la plus vertueuse qui se soit jamais ouverte. Après le docteur, vous avez entendu la doctrine; après avoir entendu la doctrine, vous allez suivre les développements de l'école.

Cette école, c'est le christianisme. Notre foi à la vie future telle que Jésus-Christ l'enseigne, telle que l'Évangile la révèle est assez démontrée par ses effets. Ce que peut cette foi, l'histoire l'atteste et le répète à toutes les pages; nous le savons, nous le voyons, nous le touchons depuis dix-huit siècles, et plus l'épreuve recommence, plus elle est décisive.

Les premiers disciples de cette école ne se sont pas plus troublés devant l'aréopage d'Athènes que devant le sénat de Rome. Aux railleurs qui les accueillent quand ils parlent de la vie future, ils n'ont opposé

qu'un mot : Je suis chrétien ! Ce mot ils l'ont répété,
devant les proconsuls, sous la hache des bourreaux,
dans les flammes des bûchers : Je suis chrétien ! Ce
mot, ils en ont fait voir la vérité et la grandeur, en
justifiant leur parole par leur conduite, en faisant ger-
mer les vertus les plus pures au sein de la corruption
la plus profonde, et en déclarant assez par leur vie
mortifiée, pénitente, courageuse, qu'au delà de l'échafaud ils attendaient non pas une autre épreuve, mais le
repos, mais la justice, mais la palme éternelle promise
à leurs vaillantes mains. Ils ont cru à la vie éternelle,
et c'est pour cela qu'ils ont vécu en saints et sont morts
en martyrs.

Trois siècles d'honneur, de courage, d'héroïsme ; les
solitudes de l'Orient transformées par des miracles de
mortification ; toutes les villes de l'Occident civilisées
et converties par des miracles de générosité et d'abné-
gation ; les idoles abolies ; les honteuses superstitions
confondues et l'univers entier devenu chrétien, voilà les
premiers fruits de la croyance à la vie future. Dites-
moi, l'école est-elle bonne, et l'arbre qui porte de tels
fruits mérite-t-il de vivre et de fleurir ?

Il a vécu, il s'est enraciné, il a fleuri en Asie, en
Afrique, en Europe, appelant à son ombre tous les
peuples barbares, et leur faisant goûter des fruits
d'honneur, de grâce et de bénédiction. Ces races qui
sont venues remplacer l'ancien monde ont appris à
prier, à se dévouer, à souffrir, à regarder le ciel. C'est
avec ce noble espoir qu'elles ont renoncé aux jouissances grossières de la chair et du sang et au brutal
plaisir de la vengeance. C'est en demeurant les yeux

tournés vers leurs destinées futures qu'elles ont grandi par le sacrifice, et qu'elles ont légué à l'histoire des souvenirs glorieux. Dites-moi, l'école qui civilise les barbares est-elle bonne? la croyance qui les régénère et qui les transforme est-elle vraie? Et quand, en se retournant vers le passé, on voit croître et grandir à cette école des peuples entiers qui honorent la vie présente avec l'ambition de mériter la vie future, peut-il rester encore un doute sur l'école et sur la doctrine? Oui, là est la vérité, parce que là est la vertu.

Fouillez les annales du monde, demandez leur à quel prix les peuples deviennent grands même ici-bas, quand la vertu fleurit, quand le dévoûment est le plus commun, quand les pauvres se résignent, quand les riches se prodiguent, quand les sciences, les arts et les lettres élèvent les âmes par des chefs-d'œuvre et trouvent des interprètes pour l'histoire, l'éloquence, la poésie et la peinture. Il n'y a qu'une réponse à cette question : les grands siècles sont des siècles de foi. La vie présente y est noble et belle, parce que l'espoir de la vie future la soutient, l'anime, lui persuade des devoirs, lui impose des sacrifices. Choisissez dans notre histoire nationale entre le siècle de Charlemagne, le siècle de saint Louis et le siècle de Louis le Grand. Les rois ne portent leur couronne avec tant de majesté que parce qu'ils sentent au-dessus de leur tête Celui qui règne dans les Cieux, de qui relèvent tous les empires, et qui, pour parler la langue de Bossuet, leur donne quand il lui plaît de grandes et terribles leçons. Joinville, assis aux pieds de saint Louis, écrit l'histoire de la croisade, en tremblant sur la planche du navire qui le sépare de l'abîme, et cet abîme à ses yeux serait l'enfer, s'il se sentait coupable d'un seul péché mortel. Bossuet appelle les yeux de son royal disciple sur les ruines de Thèbes, de Memphis et de Babylone, au milieu même du règne de Louis le Grand, et le *Discours sur l'histoire universelle* est écrit par le prophète du passé, avec le sentiment de cette justice évangélique qui, après s'être exercée au delà du tombeau, vient dicter aux hommes d'élite les arrêts de la postérité. Bourdaloue trouve dans cette pensée l'énergie nécessaire pour reprocher à Louis le Grand ses débordements. Louis se les reproche à son tour, et la noble confession de sa vieillesse, faite en présence de l'éternité, obtient grâce pour le reste de sa vie. Corneille traduit l'*Imitation*, Racine écrit *Esther* et *Athalie*, et leur génie grandit encore en s'exerçant sur ces sujets sacrés. La Vallière pleure dans un cloître, Rancé fonde sa réforme. Turenne embrasse la foi catholique, Condé lui consacre les loisirs de sa retraite, Luxembourg et Colbert ne se pardonnent pas d'avoir eu trop de pensées pour la terre et pas assez pour le Ciel ; enfin parmi tous ces héros, celui qui ne détache jamais du Ciel ni sa pensée ni ses regards, saint Vincent-de-Paul, doit à cette pensée même toute son industrie, tout son zèle, toute sa science, toute la popularité et toute la grandeur des œuvres auxquelles il a attaché son nom. Quelles œuvres ! quels souvenirs ! Quel siècle ! Non, l'impiété n'y peut pas revendiquer un seul succès. La licence y a rougi d'elle-même ; les victimes qu'elle avait faites se sont retournées contre elle, et l'éclat de leur pénitence a ajouté à la gloire de Jésus-Christ et de l'Église comme à la démonstration publique de la vie future.

Voilà les siècles qui sont entrés tout entiers à l'école de l'Évangile et qui ont professé avec une magnifique unanimité la vraie notion de la vie future. Les philosophes se nommaient alors Descartes, Pascal, Bossuet, Fénelon, Malebranche. C'étaient des chrétiens convaincus et fervents. Ils croyaient, ils pratiquaient, ils justifiaient leur foi par leurs mœurs ; ils mettaient au service du catéchisme leur plume, leur génie, leur influence ; ils seraient montés sur l'échafaud pour dire au besoin non pas : Je suis philosophe, mais : Je suis chrétien.

Eh bien ! cette école est toujours ouverte. Qu'importe que les superbes ne la fréquentent plus ! C'est l'école du catéchisme. Elle a gardé la même sagesse, la même vertu, la même grandeur ; elle est fixée maintenant et à jamais dans la notion vraie, complète et irréfutable de la vie future. *Dieu nous a créés*, voilà notre origine ; *pour le connaître, l'aimer et le servir*, voilà nos devoirs ; *et par ce moyen acquérir la vie éternelle*, voilà notre espérance, notre avenir et notre fin. Si notre société vit toujours, si elle a résisté aux plus furieux assauts, si elle se relève après chaque décadence, c'est qu'il y a encore parmi nous une foule innombrable d'âmes cachées qui ont appris à l'école du catéchisme le secret de la vie future et qui le gardent. Ce secret explique toutes les vertus qui nous restent, et les âmes qui les pratiquent suffisent, comme Atlas, pour porter tout le poids du monde. C'est l'espérance de la vie future qui soutient votre femme dans l'exer-

cice des devoirs les plus austères et qui lui fait dévorer
en silence les larmes du foyer domestique. Cette espérance embellit d'un chaste sourire les lèvres de votre
fille et illumine par elle toute votre maison. Elle jette un
rayon sur le front de votre fils le jour où cet enfant fait
sa première communion, et sous le reflet de ce rayon
sacré, vous courbez involontairement la tête pour dire :
« Et moi aussi, je m'en souviens, j'ai cru, j'ai espéré,
j'ai été heureux. »

Vous avez cru, vous avez été heureux ; et pourquoi
renonceriez-vous à l'être encore ? Cette vie future qui
vous semblait si claire et si certaine quand le catéchisme
vous l'enseignait, quand le prêtre la prêchait à votre
enfance, quand vous aviez l'esprit droit, le cœur pur,
les mains nettes, a-t-elle perdu quelque chose de ses
clartés ? A-t-on pu déchirer une page, anéantir une
ligne de l'Évangile ? A-t-on, pour le soupçonner d'im-
posture, une seule raison, une seule excuse, un seul
prétexte ? Non, non, dussent tous les faux dieux de la
science contemporaine en frémir de rage, non, la notion
de la vie future est et sera ce qu'elle a été toujours, le
Ciel pour les bons, l'enfer pour les méchants.

CONCLUSION

Que faut-il conclure de ce que nous avons dit ? Que dirai-je maintenant de ces hommes qui, les uns par simple curiosité, les autres par impiété et pour se soustraire à l'empire des vérités chrétiennes, se livrent à des pratiques dangereuses et criminelles, à des superstitions dignes des païens et des tribus sauvages de l'Inde et de l'Océanie ? Car je reste convaincu que, sauf certains cas très-rares, certaines circonstances peu communes, certaines dispositions des agents qui réclament une dépravation extraordinaire, la plupart des effets du spiritisme moderne sont de pures illusions, de vains rêves éclos dans des cerveaux creux et ballotants à tout vent de doctrines. Je reste convaincu encore que le plus grand nombre des spirites de nos temps ont pour principal but, dans leurs manœuvres païennes, de chercher la justification de leur vie, de leurs mœurs antichrétiennes, l'apaisement de leur conscience troublée par leurs dérèglements, enfin des principes et une doctrine sur lesquels ils puissent s'appuyer pour continuer à vivre insoumis et incrédules........ Enfants du diable par leurs péchés, et faisant les œuvres de leur père, qui est Satan, ils ont pris en haine la lumière de l'Évangile et de la foi catholique. Alors ils cherchent les ténèbres en se rangeant sous l'étendard du prince des ténèbres.

Quand on a lu le LIVRE DES ESPRITS, ce lourd factum, prolixe et cependant obscur, plein de répétitions et de contradictions, où il n'y a rien, ni dans sa substance, ni dans sa forme qui révèle l'intervention d'un esprit supérieur, où tout indique au contraire un esprit du plus bas étage, on se demande si saint Augustin, Fénelon, etc., etc., sont vraiment reconnaissables dans un langage si commun, si diffus, dans des pensées si triviales et souvent si fausses ? Le plus souvent on met au jour des discours inédits de saint Paul, de saint Jean, de Platon, de Socrate.... que l'on dit avoir consultés.... Non : ces discours ont été prononcés hier à Lyon, à Paris, telle rue, tel numéro.... ils sont écrits sur du papier d'Annonay.... avec un crayon de Mangin.... sur une table entourée d'une douzaine de voyants.... à la clarté d'un lustre éclairé par une douzaine de bougies.

Avouons-le en toute hâte : Allan Kardec ne nous offre dans ses *Révélations* qu'une rapsodie des anciens philosophes païens. Il travaille avec énergie à remplacer la doctrine de l'enfer éternel par celle de la migration des âmes, appelée par les Grecs métempsycose. Cette doctrine, les esprits frappeurs la proclament à l'envi comme la clef définitive de la destinée humaine. Mais cette migration des âmes, non-seulement n'est pas prouvée, mais n'est pas même vraisemblable. En effet, proposer à l'âme humaine des épreuves sans fin,

lieu d'une seule épreuve décisive, c'est diminuer
l'espérance qui encourage, et la crainte qui empêche de
faire le mal et d'y persévérer. Un auteur spirite lui-
même déclare que tous les hommes *s'empresseraient
de se tuer* s'ils comprenaient la supériorité de leur
future existence.

D'ailleurs, si Dieu nous avait fait cette étrange destinée, il nous en eût avertis apparemment. Mais, non ; la
migration des âmes n'a pour elle qu'un petit nombre de
docteurs, renforcés par les lutins invisibles qui, à leurs
petits talents de société : déclarer l'âge des gens,
polker les guéridons, dessiner des diables en mi-
niature, jouer du piano, battre du tambour, etc., joignent
celui de révéler, sans garantie du gouvernement, le
passé et l'avenir. Pour le chrétien, il n'y a pas de question. Pour l'incroyant même, s'il réfléchit, l'insistance
des esprits frappeurs à prêcher la migration des âmes
doit lui rendre plus suspect encore ce rêve bizarre.
Quoi ! courir de planète en planète, ou bien être sur ce
globe successivement homme, souris, dindon, croco-
dile, caniche, mulet, éléphant, ce serait la destinée de
l'humanité ? et l'humanité, sourde aux beaux arguments
d'une demi-douzaine de philosophes, aurait attendu
au milieu du XIXᵉ siècle, les tables battissent la gé-
nérale pour le savoir ?.... S'il existe un enfer, dure et
ignominieuse prison d'insolents condamnés, d'esprits
ennemis de l'homme, entreront-ils en communication
avec nous pour proclamer leur honte, et ranimer dans
nos âmes la crainte salutaire du châtiment qu'ils subis-
sent ? Est-ce que, dans un bagne, les forçats ne sont
tous d'honnêtes gens, victimes d'une erreur de

Thémis ? Que MM. Pelletan, Jourdan, Laurent, et autres adorateurs du présent XIXme siècle, convaincus que, jusqu'à MM. Voltaire et Rousseau, les plus épaisses ténèbres couvraient la terre, discutent et soutiennent gravement de telles utopies, s'ils le veulent : que le *Livre des Esprits* vienne à leur aide, comme autrefois Satan vint en aide à Luther dans de fameux entretiens nocturnes ; la métempsycose demeurera toujours ce qu'elle a été dans tous les temps : une fantaisie de l'imagination rejetée en même temps par la révélation chrétienne, par les traditions de l'humanité et par le sens commun.

Le christianisme enseigne que l'âme humaine, faite pour être unie à un corps, retrouvera, après une séparation momentanée, son corps auquel elle sera désormais réunie pour toujours, dans le Ciel ou dans l'enfer.

Et maintenant je voudrais bien savoir laquelle des deux doctrines opposées, celle de l'Église ou celle du Spiritisme, mérite le plus de confiance aux yeux de tout homme sérieux et grave. Quoi ! cette phalange d'hommes illustres à tous égards, tels que les Tertullien, les Arnobe, les Athénagore, les Lactance, les Cyprien, les Basile, les Grégoire, les Augustin, les Jérôme, les Ambroise, les Bernard, les Thomas d'Aquin, les Dante, les Anselme de Cantorbéry, les Malebranche, les Pascal, les Bossuet, les Fénelon, etc., ont erré, se sont trompés en croyant et en enseignant qu'après cette vie il n'y a d'autre sort pour les âmes que l'enfer, ou le purgatoire, ou le paradis !!! Et vous croyez, vous, spirites, que les âmes de ces grands hommes, évoquées par vous sur l'injonction de vos médium, vont, désa-

busées de leur erreur, vous annoncer qu'il en est autre-
ment ? Ah ! déchirez désormais l'histoire du monde
entier, cessez même de croire à la réalité de votre propre existence. si tout ce qui a été enseigné comme vrai
depuis le commencement du monde, est faux ! A quoi
bon vanter les progrès de la raison humaine lorsque
je vous vois reculer de plus de deux mille ans, pour vous
repaître l'esprit et l'imagination de ce que vous ont légué
les siècles du paganisme ? Je ne veux pas tirer toutes
les conséquences d'une pareille hypothèse. Mais ce qui
est ici le plus frappant, ce qui domine toute la question
du spiritisme. c'est l'idée de l'éternité seule qui effraie
les spirites ; et leur inspire une terreur accablante dont
ils voudraient à tout prix se déliver.

Oui, l'éternité des supplices de l'enfer est la seule
chose qui les gêne ; ils ne craignent pas de l'avouer
sérieusement, car ils disent : « Désormais nous pouvons
vivre tranquilles et sans alarmes, puisqu'il est certain,
d'après les esprits, qu'il n'y a point d'enfer. »

Certain ! Mais pour cela, vous répondrai-je, il fau-
drait d'abord que vous fussiez bien certains que ce sont
bien véritablement des esprits humains qui inspirent
vos pythonisses ; et, sous ce rapport, quelles que soient
vos garanties et vos épreuves, vous n'aurez jamais de
certitude absolue. Et si vous n'êtes pas le triste jouet
de vos pensées et de votre délire, qui vous donnera
l'assurance que les réponses qui vous sont données ne
viennent pas plutôt des esprits de ténèbres et de mensonge ? L'Apôtre des Gentils, saint Paul, un des plus
grands hommes qui aient jamais existé, mérite-t-il un
peu d'être cru ? Or, écoutez ce qu'il dit, et ne soyez pas

sans crainte et sans inquiétude : « ..... Il n'y a point
« d'autre évangile que celui que je vous ai prêché,
« mais il y a des personnes qui vous troublent et qui
« veulent changer l'évangile de Jésus-Christ. Or qui
« que ce soit qui vous annonce un autre évangile que
« celui que nous vous avons annoncé, quand ce serait
« nous mêmes, ou un ange du Ciel, qu'il soit ANA-
« THÈME ! Je vous l'ai dit, et je vous le répète : quicon-
« que vous annoncera un évangile contraire à celui
« que vous avez reçu, qu'il soit anathème !! »

Je me contente de cette déclaration pour soutenir et
proclamer que le spiritisme, dans sa doctrine, est
mensonge, erreur, supercherie, fausseté, invention
ourdie par l'impiété et inspirée par l'esprit que toutes
les langues désignent sous le nom de Diable ou de
Satan !!!!

Croyez donc désormais à Satan, suivez ses sugges-
tions, et venez ensuite nous montrer le spectacle de vos
éminentes vertus comme époux, comme père, comme
fils, comme homme ou comme femme !...

Le 7 février 1875, je reçus une lettre écrite par un
médium spirite, et dont je vous cite un passage.

« C'est avec l'Évangile, dites-vous, que vous com-
« battrez la doctrine spirite. Je vous félicite, Mon-
« sieur l'abbé, de la bonne pensée que vous avez de
« revenir à ce code divin. C'est dans ce code divin que
« nous trouvons, nous aussi, la consécration complète
« de nos principes. — Quelle que soit d'ailleurs l'impor-
« tance de vos arguments, je me souviendrai toujours
« que Jésus-Christ a dit : On reconnaît l'arbre à ses
« fruits. »

On reconnait l'arbre à ses fruits ! — Quels sont les fruits du spiritisme ?

Dans l'ordre physique, nul progrès sérieux et utile; de vains prestiges, et tout au plus le soulagement équivoque et passager de quelques infirmités ; en revanche toutes les maladies nerveuses et autres que l'imagination surexcitée fait naitre, et qui aboutissent fréquemment à la folie.

Dans l'ordre intellectuel : un appoint donné à cinq ou six erreurs qui, de siècle en siècle, se dressent contre les dogmes catholiques ; pâle répétition, sous forme apocalyptique, des sophismes qui trainent dans les journaux de l'incrédulité. Les esprits de mensonge disent eux-mêmes ce qu'ils faisaient dire par des voix humaines : voilà tout.

Dans l'ordre moral : des désastres, la folie, le suicide. En maint lieu, des révélations plus ou moins conformes à la vérité désunissent les familles. Les maisons d'aliénés se peuplent de spirites, auxquels les esprits ont fait perdre l'esprit.

De 1820 à 1876, le nombre des aliénés a triplé. Une seule maison de santé, sur deux cent cinquante fous, contient cinquante-quatre victimes du spiritisme!!

Le dégoût de la vie s'empare des infortunés qui s'entretiennent avec celui qui fut homicide dès le commencement. A Tours, deux vieillards se donnent la mort ; à Lyon, une femme se fait aux deux bras, avec un rasoir, de profondes et irrémédiables blessures ; à Toulouse, l'année dernière, un spirite s'en va, poussé par les esprits, à la chasse à l'homme; il en tue trois et emporte une joue au quatrième; chaque jour se multiplient ces douloureux récits. Que ceux qui ont des yeux pour voir les ouvrent avant que l'ensorcellement soit devenu complet et irrémediable.

« On reconnait l'arbre à ses fruits ! ! ! »

De tels fruits peuvent-ils être portés par un bon arbre ?

« C'est dans ce code divin (l'évangile) que nous trouvons, nous aussi, la consécration complète de nos principes. »

La doctrine enseignée par les esprits est toute entière dans l'enseignement du Christ ! ! Blasphème vomi par les enfers, et sorti de la bouche du dragon ! Vous avez l'audace d'avancer que votre enseignement est celui de l'Évangile ! ! ! Qui le croira jamais, si non l'impie qui, descendu dans les profondeurs de l'avilissement moral, rit comme un insensé ?... Mais puisque je retrouve du moins dans votre doctrine toute la doctrine des philosophes du paganisme, telle que nous la donnent leurs ouvrages passés à la postérité et traduits en toutes les langues, ne pensez pas que je croie que vous l'ayez vous-mêmes reçue des esprits, comme vous osez effrontément le dire ? Vos esprits n'ont été que les livres de Platon, de Pythagore, dont vous êtes devenus les simples copistes. J'aurais une bien triste idée de mon siècle, s'il pouvait s'y trouver quelques hommes assez simples pour vous croire sur parole... Nous n'en sommes plus en France au point où en étaient les populations de l'Asie au VIIme siècle, lorsque l'imposteur Mahomet leur faisait croire que, la lune étant tombée dans la poche de son habit, il l'avait d'un coup de poing relancée jusqu'au firmament...

Non, non, les spirites, pas plus que les philosophes du paganisme, qui ne croyaient point aux oracles, n'ont de confiance dans les révélations qu'ils prétendent recevoir des esprits : ce qu'ils poursuivent, c'est la destruction de la foi chrétienne, c'est la croyance du monde aux peines éternelles dont la pensée les écrase... et qu'ils voudraient anéantir. Mais vraiment, pendant qu'ils font tourner les tables, etc., leurs têtes tournent également !!!

Mon Dieu, pardonnez-leur, car ils ne connaissent point celui dont ils plaident la cause ; ils ne savent ce qu'ils font.....

Qui habet aures audiendi, audiat !!!